AF509637

RÉFLEXIONS

SOMMAIRES

ADRESSÉES

A LA FRANCE

ET

A LA COLONIE DE S. DOMINGUE.

RÉFLEXIONS

SOMMAIRES

ADRESSÉES

A LA FRANCE

ET

A LA COLONIE DE S. DOMINGUE.

Les Miniſtres du Roi ont donné, le 27 Octobre, un Mémoire à l'Aſſemblée Nationale, concernant les Colonies.

Ils y ont mis tous les dehors de la ſageſſe, de la modération & du reſpect pour le corps légiſlatif.

Ils ont annoncé des vérités palpables auxquelles on ne peut pas ſe refuſer ſans riſquer de perdre les Colonies : mais *timeo Danaos & dona ferentes.* Pourquoi les Miniſtres ſemblent-ils, depuis que nous exiſtons, avoir mis

A

tous leurs foins à fe faire craindre & fuf-
pecter des Colons.

Ils infinuent *que nous ne pouvons pas avoir,
qu'il ne faut pas nous accorder* des Affemblées
Municipales.

Cependant ils établiffent qu'il faut fur les
lieux un pouvoir, autorifé à faire des réglemens provifoires.

Ainfi, je vois les Colons privés du droit
imprefcriptible de fe faire entendre fur leurs
intérêts les plus preffans.

Je les vois toujours livrés aux adminiftrateurs, à deux mille lieues de tout re-
cours.

Mon imagination effrayée du paffé, s'a-
larme d'une infinuation injufte & funefte.
J'oublie tout ce que le Mémoire préfente de
favorable ; je ne trouve plus dans cet écrit
qu'une invitation infidieufe *de ne faire aucune innovation au régime des Colonies*, &
mon efprit fe laiffe emporter à la confidé-
ration effrayante des conféquences qui en
réfultent.

C'eft-à-dire, que le Miniftre de la Marine,
& fous lui les Adminiftrateurs, doivent con-
ferver toute leur autorité avec la libre fa-
culté d'en abufer.

C'eſt-à-dire, que lorſque le Miniſtre eſt preſque toujours un homme qui ignore com‑plettement ce que c'eſt que les Colonies, il aura le droit de les diriger au gré de ſon ignorance & de ſon caprice, ou des ſuggeſ‑tions de l'intrigue.

C'eſt-à-dire, que des Adminiſtrateurs trien‑naux, qui n'ont pas le tems de connoître le pays qu'ils gouvernent, pourront tout faire impunément à deux mille lieues.

C'eſt-à-dire, qu'un conſeil unique, aſſervi au Gouvernement par ſa conſtitution, ſubſiſ‑tera pour être l'inſtrument, & non pas le contre-poids de leur toute-puiſſance.

C'eſt-à-dire, que les malheureux Colons n'auront d'autre juge de toutes les bévues, de tous les caprices, de tout le deſpotiſme de ces ſubalternes, que les Miniſtres qui ne ſavent juger que ſur leur rapport.

C'eſt-à-dire, que les malheureux Colons n'auront d'autre reſſource contre les erreurs du Miniſtre que la vanité & l'entêtement de ce Miniſtre.

C'eſt-à-dire, que lorſque la France rompt les chaînes oppreſſives du pouvoir Miniſté‑riel, les Miniſtres veulent s'en venger ſur les Colons.

C'eſt-à-dire, que lorſque la Nation a repris ſa puiſſance légiſlative pour la liberté & le bonheur de la France, c'eſt à la Nation même que les Miniſtres oſent s'adreſſer pour qu'elle ſanctionne irrévocablement le malheur des Colonies françoiſes.

Ah ! ſans doute nos Députés tonneront à l'Aſſemblée Nationale contre cette tentative ! Mais moi, Colon, créole, propriétaire, citoyen, moi, nommé, le premier, Député de la partie la plus importante de S. Domingue, mais que des circonſtances malheureuſes ont fait arriver trop tard pour entrer, comme mes collégues, dans ce ſanctuaire auguſte ; je ferai entendre ma foible voix pour la défenſe & le bonheur de ma patrie.

Quelle eſt donc la conduite de M. de la Luzerne (1)?

____

(1) Une lettre du Cap, du 3 Septembre, porte que la veille il eſt arrivé trois navires des ports de France, ſans aucune lettre ; que chaque capitaine étoit muni d'un certificat portant que leurs ſacs avoient été retenus aux bureaux des claſſes du lieu du départ. Cependant les paſſagers ont parlé, & cette précaution a augmenté l'effroi que leur rapport a inſpiré. Ces navires ont dû partir en Juillet ; &

Malgré les justes, vives & constantes réclamations des Colons résidens en France
& à S. Domingue, il les a écartés tant qu'il
a pu des Etats-Généraux, il s'est opposé de
tout son pouvoir à ce que la Colonie nom-
mât des Députés. Par l'énergie de ses habitans, elle en a nommé en dépit de lui &
de ses Administrateurs. Ils ont porté leur réclamation à l'Assemblée Nationale.

Alors une insurrection de tous les propriétaires résidens à Paris s'est formée à l'hôtel de Massiac, contre la députation. M. de
la Luzerne est accusé de l'avoir fomentée.
Je l'ignore ; mais les Députés ont été admis
sans égard à cette opposition.

L'intérêt commun devoit l'emporter sur
les passions & les rivalités insidieusement
provoquées.

L'hôtel de Massiac & la députation se

---

assurément les Commissaires aux classes n'ont pas
pris sur eux de retenir leurs lettres. M. de la Luzerne a voulu dérober à la Colonie la connoissance
de la révolution. Je veux qu'il ait eu des motifs
sages, populaires même ; mais la correspondance
importante du commerce a été suspendue fort inu-
tilement.

A iij

réuniffent pour demander une Affemblée Coloniale qui pût faire entendre fa voix.

M. de la Luzerne eft forcé de céder. Après une conférence tenue par les Commiffaires refpectifs, en préfence de tous les Miniftres, il charge ces Commiffaires de fe concilier fur un plan de convocation ; ce plan eft dreffé, arrêté, préfenté à M. de la Luzerne, qui promet de l'envoyer avec les ordres néceffaires.

Pendant que les Colons & les Députés fe repofent fur la foi du Miniftre du Roi, le Mémoire du 27 Octobre paroît.

Quand M. de la Luzerne a promis l'Affemblée Coloniale, a-t-il efpéré qu'elle défavoueroit la députation ? a-t-il affez compté fur le pouvoir & les intrigues de fes Adminiftrateurs ?

A-t-il perdu depuis cet efpoir ?

Je l'ignore ; mais il fait préfenter à l'Affemblée Nationale des infinuations funeftes à la Colonie, & d'autant plus dangereufes, qu'elles peuvent être accueillies à la faveur de plufieurs vérités frappantes.

Je ferai impartial fur les unes & fur les autres.

Je laisse à l'Assemblée Nationale le droit de juger M. de la Luzerne.

On répand que la députation, allarmée de la (1) tentative des Ministres, va jusqu'à demander que l'Assemblée Nationale forme un plan de constitution pour les Colonies. Je sais qu'on se trompe.

D'abord l'Assemblée Nationale, composée des Députés des provinces de France, ne peut pas assez connoître un pays situé à 2000 lieues, qui ne ressemble en rien à la France, pour que sa profonde sagesse puisse se porter à lui faire une constitution : c'est une vérité si facile à sentir, qu'on n'a pas besoin de la développer ni de la démontrer.

Les Députés des Colonies sont trop sages, trop modestes, pour prendre sur eux cette tâche effrayante ; leurs pouvoirs ne les y autorisent pas : c'est alors qu'ils seroient dé-favoués.

Les Colons résidens en France (& moi plus que les autres), en sont encore plus

---

(1) Ce bruit cause dans ce moment une nouvelle insurrection de l'hôtel de Massiac, aussi mal conçue que la première, &, je l'espère, aussi inutile.

A iv

iucapables : ils font encore plus incompé-
tens.

La Colonie eft toute à S. Domingue ; c'eft
aux propriétaires à y réunir leurs lumières ;
& dans ces momens de crife , c'eft fans doute
ce qu'ils ont de mieux à faire.

Les loix d'un pays , pour être bonnes,
doivent fe faire fur les lieux & par les plus
fages.

Pour être vraiment des loix , elles doivent
fe faire par le Peuple ou par fes Repréfentans légalement nommés *ad hoc.*

C'eft la raifon univerfelle , reconnue &
fanctionnée par les décrets de l'Affemblée
Nationale.

Une expérience fatale nous apprend que
ces principes doivent être refpectés , fur-
tout pour les Colonies.

MM. de Larnage & Maillard font les deux
feuls Adminiftrateurs, qui, avec du fens &
de la vertu , aient gouverné affez long-tems
la Colonie pour la connoître. Les réglemens
qu'ils ont faits & les loix qu'ils ont fuggérées
au Gouvernement, font les meilleurs que
nous ayons.

Lorfque dans ces derniers tems le Miniftre le plus aveuglément réglementaire qui

ait exiflé, nous envoyoit tous les jours des loix dictées par des intriguans qui ne les propofoient que par des vues perfonnelles d'intérêt, la Chambre d'Agriculture avoit le courage d'écrire à ce Miniftre (le 7 Juin 1787), que rarement les Adminiftrateurs faifoient fur les lieux des loix abfolument deftructives ; & que depuis fon miniftère, il n'en avoit pas envoyé une qui ne fût une plaie pour la Colonie ; & la Chambre avoit raifon.

Les Miniftres font donc fondés à dire que les décrets généraux , rendus par l'Affemblée Nationale, ne peuvent pas s'appliquer aux Colonies.

Ils font fondés à dire que le régime doit être différent , parce que ni les lieux, ni le climat, ni le phyfique, ni le moral, ni la nature des propriétés, ni les rapports de commerce, ni l'efpèce d'induftrie, ni la population, ni l'influence des faifons dans les Colonies, ne fe rapportent à ce que la France préfente.

Ils font encore fondés à dire qu'il eft des occafions fréquentes où il faut qu'un pouvoir quelconque réfident dans la Colonie, pourvoie promptement aux befoins que les événemens & les défaſtres engendrent. Mais ce n'eſt pas à dire que les Colons ne doivent pas être entendus; au contraire, plus la diſtance force de donner de pouvoir aux ſubalternes, plus il faut les éclairer & les contenir.

Je vais plus loin; nous n'avons pas beſoin à S. Domingue d'une nouvelle conſtitution; il eſt inutile & trop dangereux d'y penſer.

On ſent que celle que nous avons, étant abſolument miniſtérielle, s'exerçant à deux mille lieues par des ſous-ordres, elle a dû tendre tous les jours à l'arbitraire avec d'autant plus de rapidité que les réclamations n'ont guère pu parvenir de ſi loin, & n'ont pu arriver qu'aux Miniſtres. On ſent que des abus ſans nombre ont dû la corrompre & l'empoiſonner.

Eh bien, malgré ces abus, la Colonie, *par la force de ſon tempérament*, eſt parvenue à un point de ſplendeur qu'on ne pouvoit pas eſpérer.

Ce fait inconteſtable poſé, j'en conclus que le fond de ce régime eſt bon & convenable, & qu'il ne faut qu'en corriger les abus pour nous aſſurer tout le bonheur

qu'un peuple peut attendre de fa conftitution.

Je confidère l'état affreux où la France
eft plongée , parce que des circonflances
impérieufes ont obligé l'Affemblée Nationale
à renverfer la conftitution vicieufe qui dé-
voroit rapidement le royaume, pour en créer
une toute nouvelle.

Je defire , j'efpère , je crois fermement
que cette anarchie momentanée ceffera , parce
que les Légiflateurs font fages, habiles , &
connoiffent bien le pays qu'ils doivent ré-
gler.

Mais je confidère qu'une femblable crife
portée à S. Domingue, eft fans remède , à
caufe de quatre cent mille efclaves prêts à
profiter du moindre défordre.

Il eft bien évident que l'Affemblée Nationale ne peut ni ne doit prendre fur elle
de donner à un pays qu'elle ne connoît pas,
une conftitution toute nouvelle.

Eft-ce aux Colons de l'entreprendre ?

Plus on gémit fous l'arbitraire, plus on
détourne fon efprit & fes regards de la
chofe publique & des matières du Gouvernement.

Le plus grand nombre eft venu à S. Demingue pour faire fortune ; le refte cultive fon champ ou le confie à un étranger pour venir jouir des délices de la France. Tous tendent vers ce but, tous hâtent à force de travail ce moment defiré.

L'intérêt perfonnel abforbe toutes les idées, chacun ne voit, n'étudie que fa culture ou fon état.... & tout-à-coup nous oferions nous faire légiflateurs ! nous oferions renverfer une conftitution pour en créer une nouvelle ! Ah ! gardons nous - en , fi nous ne voulons nous perdre : fentons notre incapacité & l'énormité de cette tâche.

Mais lorfque la France, plus éclairée, fe régénère, lorfque la Nation reprend fes droits , lorfque chaque fujet devient citoyen , lorfque les bafes du bonheur & d'une fage liberté font pofées , & que l'édifice s'élève majeftueufement au milieu des dangers méprifés & des difficultés vaincues ; nous auffi enfans de la patrie, nous, qui avons fur nos frères cet avantage d'avoir affronté les mers & un climat dévorant, pour verfer dans fon fein des richeffes immenfes qui ne lui ont rien coûté, n'aurons-nous pas le courage d'afpirer au même bonheur? ne nous en montrerons-nous pas dignes par notre fageffe ?

A Dieu ne plaise.

Les Miniſtres ſe ſont trompés groſſièrement, s'ils l'ont penſé ; mais ils ne tromperont ni nous , ni l'Aſſemblée Nationale.

Nous avons le droit impreſcriptible & ſacré de nous faire entendre ſur nos intérêts perſonnels & réels , comme hommes, comme propriétaires , comme citoyens.

Nous le réclamons de la loi.

Nous le reprendrons , s'il le faut, & s'il ſe peut , ſans violence, de la force injuſte qui nous l'auroit arraché.

On nous accordera des Aſſemblées Coloniales . . . . ou nous les formerons, nos armes *défenſives* à la main . . . . & dans ce moment de juſtice & de lumière ſi glorieux pour le Roi & la Nation , les Miniſtres n'oſeroient nous en empêcher , par reſpect pour le Roi & pour la Nation.

Mais alors, mes chers Compatriotes, c'eſt à vous que je m'adreſſerai, & puiſſiez-vous entendre ma voix patriotique !

Les baſes ſur leſquelles vos fortunes repoſent peuvent devenir meilleures : elles en ont beſoin ; mais ſi vous les détruiſez tout-à-coup , vous renverſerez un édifice que vos mains ne peuvent pas relever affez tôt pour en fauver même les débris.

Défiez-vous de vos lumières, même de votre zèle.

Sentez qu'il vaut mieux laiffer fubfifter les abus quelque tems, que de s'expofer à tout ruiner; & heureufement, il faut en convenir, les abus ne font pas fi pernicieux qu'ils ne puiffent fe prolonger fans un péril imminent.

Occupez-vous d'abord d'un plan de conftitution de vos Affemblées.

Le Miniftre de la Marine prétend que vous êtes trop attachés à vos cultures, qu'elles exigent trop votre préfence pour qu'il vous foit poffible de vaquer à des fonctions publiques. Lui fied-il d'abord de faire cette objection, lorfque par un calcul defpotique, & pour réunir tout le pouvoir dans la main des Adminiftrateurs, par le moyen d'un confeil unique, leur efclave, le Miniftère a pu arracher les habitans de la partie du nord à leur culture pour aller défendre au loin leurs propriétés? Ce qu'il faut faire pour être plaideurs, nous ne le ferions pas pour être citoyens & patriotes?

Enfuite, réduifez cette objection à fa jufte valeur.

Au lieu d'une Affemblée unique établie dans le chef-lieu, très-diftant des extrémités de la Colonie, établiffez-en trois, dans les principales villes, fi vous ne pouvez mieux faire ; qu'elles correfpondent & fe concilient pour les objets d'un intérêt commun, ou qu'il y ait, à des époques plus éloignées, des Affemblées générales ; que, fi elles ne peuvent pas être permanentes, des Commiffions intermédiaires les remplacent *avec des pouvoirs très-limités.* Voyez là-deffus un Projet de la Chambre d'Agriculture du Cap, qu'on n'a pas daigné examiner ici , & qui mérite au moins de l'être.

Que vos Affemblées foient peu nombreufes, mais bien choifies ; que par la gradation des Affemblées primaires & fecondaires, les Repréfentans foient véritablement nommés *par tous les propriétaires fans diftinction ;* réglez enfuite fagement, comme l'Affemblée Nationale, l'éligibilité des Repréfentans; déterminez les féances, fuivant les convenances locales.

Lorfque vous demanderez des pouvoirs, ou que vous reprendrez ceux qui vous appartiennent, ne foyez pas timides ; mais foyez infiniment circonfpects lorfqu'il fera queftion d'en ufer.

Réparez les bévues récentes & deftructives du précédent Miniftère trop foutenues par celui-ci. Je ne vous parle pas de l'ordonnance des geftions, fa propre ineptie l'a condamnée à l'oubli & à la défuétude. Le cri général de la profcription s'eft élevé contre celles dont l'exécution a été actuelle & forcée.

Que la partie du Nord rappele, finon fes Juges fouverains, au moins le Tribunal. Que la partie du Sud en demande un. Examinez s'il feroit poffible (comme il feroit beau & utile) de rendre leurs nobles fonctions gratuites ; que les fanctuaires fuprêmes de la Juftice ne foient plus habités, que fes oracles ne foient plus rendus que par des Magiftrats-propriétaires ; que l'adminiftration & l'épée ceffent d'y avoir cette influence fi defpotique & fi pernicieufe dans les caufes privées comme dans les affaires publiques. Renfermez ces Tribunaux dans la fonction de juger les procès.

Demandez ou reprenez le droit de repartir *l'impôt unique* que nous devons pour les befoins

foins de la Colonie, & de vous faire rendre compte par l'Intendant, de l'emploi
qu'il en a fait.

Que tout Adminiftrateur, tout homme en
place foit comptable aux Affemblées Coloniales des abus de fon autorité, & qu'elles
puiffent le citer & le faire punir.

Sur-tout, qu'aucune Loi nouvelle ne puiffe
être exécutée qu'après la vérification & la
fanction des Affemblées Coloniales; que l'a-
brogation des anciennes ne puiffe pas leur
être refufée; que celles qu'elles voudront pro-
pofer foient rendues fur le champ; que dans
les cas urgens & les réglemens provifoires,
leur décret prévaille fur l'opinion des Adminiftrateurs; que dans les autres, ceux-ci n'aient
qu'un *veto* fufpenfif.

Mais en général, foyons très-circonfpects,
ufons peu de nos droits, laiffons fubfifter
la machine; & fi quelque reffort paroît dé-
fectueux, ne le fupprimons que pour le
remplacer fur le champ; coupons les bran-
ches parafites, mais confervons l'arbre.

Sans doute il y a peu d'efprit public à
Saint-Domingue, & j'en ai dit la raifon;
mais cet efprit fe développera lorfqu'il pourra
fe montrer & s'exercer librement; & ne

l'a t-on pas vu paroître avec énergie quand il a fallu nommer des Députés fous les yeux & fous la verge du defpotifme, qui s'y oppofoit avec aftuce comme avec force?

D'ailleurs prefque tous les propriétaires fe fout fouftraits à un Gouvernement toujours inquiétant ; un régime plus doux les rappellera, & ils auront plus de patriotifme comme plus d'intérêt à la chofe publique.

Il y a peu de lumières à Saint-Domingue fur les matières du Gouvernement, j'ai encore dit pourquoi ; mais nous avons la même aptitude que nos Compatriotes. L'efpoir de faire ufage de cés lumières les fera defirer. La liberté de la preffe, *établie pour nous comme pour la France*, les propagera. Dans les Affemblées Coloniales, elles fe fortifieront en s'appliquant aux objets convenables; & avec la circoufpection que je recommande, nous ferons affez-tôt, *quoiqu'à la longue*, en état de nous faire une bonne conflitution fur les bafes de l'ancienne.

On voit bien que je ne propofe pas de prendre purement & fimplement le pouvoir légiflatif, comme l'Affemblée Nationale l'a fait ; je ne crois pas que cela convienne aux Colonies, qui ne font que comme des Pro-

vinces. Mais que ce pouvoir refte à l'Affemblée Nationale, nous devons être écoutés, con-
fultés, crus fur ce qui nous intéreffe, fur-tout
parce que nous fommes comme inconnus ici
par notre grand éloignement.

Que des intriguans qui fe difent Colons pour
avoir été à Saint-Domingue, que des gens
exaltés qui n'ont de mérite qu'un efprit d'innovation & d'audace, veuillent tout renverfer; écartons de nos confeils ces hommes
dangereux; la lenteur & la modération dans
le bien même ne peuvent que le rendre
meilleur.

J'ai entendu, en frémiffant, parler de faire
fciffion avec la France, & de nous donner
à une Puiffance étrangère, de rompre avec
le commerce de la Métropole, de nous
rendre indépendans.

Nous rendre indépendans ! quelle abfur-
dité ! avons-nous une marine? des moyens
de défenfe? pouvons-nous en avoir?

Tant que nous appartiendrons à la France,
pouvons-nous efpérer qu'elle laiffera enlever
à fon commerce, qui fait fa force, nos pro-
ductions & nos confommations qui le fou-
tiennent? Eft-il jufte que nous le defirions?
ne fommes-nous pas enfans de la famille?

ne devons nous pas à la Patrie le tribut de nos denrées lorfqu'elle nous les paye? ne devons-nous pas de la reconnoiffance au commerce national? qui de nous ou de nos pères n'a pas défriché fa terre par les avances du commerce? plufieurs d'entre nous font encore débiteurs de ces avances, en tout ou en partie.

Il s'eft enrichi avec nous, oui; mais nous nous fommes enrichis avec lui; & parce que mon créancier a reçu un honnête intérêt, fi le prêt a été le fondement de ma fortune, en dois-je être moins reconnoiffant?

Au furplus, ne confidérez pas le commerce en lui-même; vous devez vos fecours à la mère patrie, par cette feule raifon que vous êtes fes enfans.

Mais le commerce met trop de rigueur dans le régime prohibitif, cela eft vrai; mais ce n'eft pas une raifon pour fupprimer ce régime, puifqu'il eft une conféquence néceffaire de notre effence, & que les Colonies ne font utiles à leurs Métropoles que par-là. Il faut le fixer dans de juftes bornes. Il faut que le commerce étranger foit appelé d'une manière lucrative, à nous fournir ce que la France ne peut pas nous procurer, ou abfo-

lument, ou fuffifamment, ou à un prix mo-
déré qui facilite le foulagement & la confer-
vation de nos Nègres ; il faut que, dans les
tems de calamité, l'appât du gain fur nos
denrées Coloniales invite à nous nourrir, un
peuple à qui la nature a donné le froment,
& que la Providence femble avoir placé tout
exprès auprès de nous. Renfermons-nous dans
un jufte milieu, & la voix de la raifon y
ramènera tôt ou tard le commerce.

Nous nous plaignons juftement de ce que
le prix de nos Nègres eft prefque double du
prix des Nègres de traite angloife. Eh bien,
follicitons le Gouvernement de rechercher les
caufes de ce vice de calcul & de fpécu-
lation, & d'y remédier par des manufactures
convenables & économiques, par des comp-
toirs où la concurrence n'écrafe pas les trai-
teurs, enfin par un meilleur régime ; mais ne
foyons pas ingrats, impolitiques & mauvais
patriotes, parce que le commerce eft mal-
adroit ou trop cupide (a).

____

(a) C'eft par exemple une chofe affligeante, que
la réfiftance actuelle du commerce à l'approvifionne-
ment de la Colonie par les Américains. Le Miniftre
a révoqué M. Duchilleau pour avoir donné une ex-
tenfion indifpenfable à leur admiffion. Affurément

Que nous obtenions ou que nous for-
mions des Affemblées Coloniales, elles fen-
tiront ces vérités; & elles refpecteront nos
liaifons indifpenfables avec le commerce national, elles mettront les intérêts oppofés
dans une balance égale.

Enfin des François (heureufement le nombre en eft infiniment petit) peuvent-ils parler
de fe donner à une Puiffance étrangère ? &
dansquel moment fur-tout ? lorfque la France
attire les regards & fixe l'admiration de l'Europe; lorfque le titre de François devient
plus beau que jamais; lorfque le règne de
la raifon & de la juftice va fuccéder à la
verge du defpotifme; lorfque le Roi, le père
de fes Sujets, le reftaurateur de la liberté,
rend à la Nation le pouvoir d'empêcher à
jamais l'abus de la puiffance royale.

Quel blafphême, quelle baffeffe, quelle
ineptie ! Renfermons-nous donc dans de juftes
idées, foyons *Colons - François* plus jamais,

---

en ne peut fe diffimuler que la France ne peut pas
nous fournir lorfqu'elle manque elle-même de farine,
& que le fort de la révolution tient peut-être à ce
que le peuple ait du pain. Cette double injuftice
du Miniftre & du commerce eft faite pour mettre les
Colons au défefpoir.

reprenons, comme nos frères, ou reclamons les droits de Citoyens, mais exerçons-les avec une modération plus néceſſaire chez nous qu'ailleurs.

Je ne ſuis pas étonné que des craintes de plus d'une eſpèce agitent les Colons & égarent les idées de quelques-uns.

Une inſurrection générale de la philoſophie abuſée menace de renverſer nos propriétés.

L'Aſſemblée Nationale crée une Conſtitution toute nouvelle ſur des baſes & des principes dont l'extenſion illimitée & abuſive détruiroit les Colonies. Nos Députés partagent ces délibérations-générales au lieu d'être ſimplement préſens pour nos intéréts particuliers. On peut conclure que l'Aſſemblée nous enveloppe aveuglément dans tous ſes décrets; & lorſque le Miniſtre ſemble partager cette crainte excuſable, on redoute qu'il ne ſaiſiſſe une occaſion heureuſe de reſſerrer nos chaînes par un décret de la Nation.

L'Aſſemblée Nationale, pour combler le déficit, a décreté une contribution néceſſaire, mais énorme. Y ſommes-nous compris?

Enfin une réclamation des gens de couleur

peut porter le défordre dans la Colonie quand ils n'obtiendroient ici que ce que la Colonie leur accorderoit fans inconvénient.

J'ai affez de confiance dans les lumières & la fageffe de l'Affemblée Nationale pour me raffurer aifément fur tous ces objets; & je dois dire que depuis que je fuis informé de la coalition parfaite des députations des Colonies & des mefures fages qu'elles prennent pour leur bien & celui de la France, leur mère commune, je me tranquillife encore davantage. Nous fommes en bonnes mains de toutes parts.

Il eft impoffible qu'une réunion de Légiflateurs pris parmi ce que la France a de plus fage & de plus inftruit, prenne fur elle de faire une Conftitution pour un pays placé à deux mille lieues, & dont elle doit dire comme le philofophe : *Hoc unum fcio quod nihil fcio.*

Si les Miniftres lui ont tendu un piége, (& je ne donne pas mes craintes pour la vérité) il eft impoffible qu'elle s'y laiffe prendre. Elle connoît, en général, le defpotifme miniftériel. Elle fait qu'il s'eft exercé néceffairement dans les Colonies plus qu'en France. Elle fentira que demander que les citoyens ne puiffent ni fe faire entendre, ni fe réunir dans une terre fi éloignée, c'eft vouloir y maintenir le pouvoir arbitraire, & elle n'exifte que pour détruire ce pouvoir.

Il eft impoffible d'après cela, que l'Affemblée Nationale ne fouffre pas, ou n'ordonne pas que nous ayons des Affemblées Coloniales, qui propofent au moins les réformes conftitutionnelles, puifqu'elle-même a jugé que le pouvoir légiflatif appartient aux Nations, & que nul ne peut être contraint d'obéir à la Loi qu'il n'a pas confentie par lui-même, ou par fes repréfentants.

Il eft impoffible enfuite que la réclamation des gens de couleur ne foit pas renvoyée aux Affemblées Coloniales, malgré leurs offres ridicules & illufoires. On fentira que s'ils avoient l'air d'obtenir même juftice contre leurs concitoyens, d'une force étrangere, ce feroit jetter un germe de divifion entre deux claffes qu'il eft important de lier fagement enfemble. Une partie de leurs demandes eft contraire à leur propre interêt, comme propriétaires d'efclaves. Elle ne fera jamais préfentée dans la Colonie, & on voit bien qu'elle n'a pu l'être que par quelques êtres ifolés, éloignés de leur patrie, & qui ne la connoiffent pas.

Ils veulent voter fur leurs propriétés. Ils ont raifon, mais leurs plaintes font injuftes. Ils ont toujours été admis dans les affemblées de Paroiffe, comme les blancs ; & ce font les feules Affemblées vraiment libres & conftitutionnelles que nous ayons eues ; puifque ce qu'on a appelé improprement Affemblées Coloniales, pour la répartition de l'impôt, n'étoit compofé que des Adminiftrateurs, des confeils depuis long-temps gagés, & des Commandans de quartier, gens à la nomination & à la difcrétion du Gouvernement.

Comment y auroit-on appelé les gens de couleur, puifque, comme citoyen, comme propriétaire, nul blanc n'y a jamais été admis?

Au furplus, c'eft à la Colonie à s'occuper avec juftice & avec fageffe du fort d'une claffe de citoyens, qui tient à nous par le fang, & qu'il eft utile de nous attacher, autant qu'il eft poffible, parce qu'elle peut être un intermédiaire précieux. D'ailleurs ils auront la voie d'appel à l'Affemblée Nationale, mais il feroit trop dangereux qu'elle fût le premier juge de la réclamation.

Je viens à l'impôt.

Si les Colonies ne font pas connues, dans les détails néceffaires pour leur donner une conftitution de fi loin , on fait au moins parfaitement le but de leur formation.

Ce font des établiffemens de culture, deftinés à alimenter le commerce national, qui fait la force de l'Etat.

Il importe donc d'y favorifer la culture, par tous les moyens poffibles.

Il importe donc d'en écarter le génie fifcal qui décourage & affoiblit la culture.

Le régime miniftériel a reconnu & refpedé ces principes ; comment le régime national les violeroit-il ?

D'abord pourquoi les Colonies contribueroient-elles à combler le déficit ? pourquoi la Nation appefantiroit-elle leurs charges plus que les Miniftres ?

La Colonie de S. Domingue n'a pas contribué au déficit. Elle n'a jamais rien coûté à la France. Elle paye fes dépenfes par un impôt intérieur & particulier, cet impôt fixé à cinq millions, eft porté à préfent à douze dans la préception ; & l'excédent a fouvent été envoyé aux Miniftres.

Les dépenfes extraordinaires, en tems de guerre, des efcadres qui font venues quelquefois vifiter, & non pas défendre la Colonie, *ont pour objet le commerce*. On conçoit bien que fi les Colonies n'étoient pas néceffaires au commerce, elles ne feroient bonnes à rien pour la France, qui ne feroit pas les frais d'y envoyer des efcadres.

En tems de paix des vaiffeaux de guerre y viennent; c'eft pour exercer la marine, c'eft fur-tout *pour le commerce*; & la preuve, c'eft qu'ils n'ont pas d'autre miffion que d'empêcher la contrebande.

S'il eft vrai, comme il n'en faut pas douter, que l'impôt foit le prix de la protection du Gouvernement, l'indemnité de ce que cette protection lui coûte, il faut conclure qu'un pays, dont la protection civile & militaire ne coûte rien, ne doit pas d'impôt, fur-tout s'il eft d'ailleurs infiniment productif pour l'Etat.

Enfuite, outre l'impôt colonial que nos denrées payent à la fortie, elles payent en entrant, cinq pour cent du droit qu'on appelle d'occident; & après qu'elles ont paffé par les diverfes manufactures, & par les canaux qui fervent à leur débouché intérieur & extérieur, elles ont produir au fifc plufieurs autres impôts, au moins décuples.

Faites attention ici à une chofe remar-

quable ; c'eſt qu'en thèſe générale , il eſt
reçu que l'impôt eſt toujours ſupporté par le
conſommateur. Mais c'eſt lorſque le culti-
vateur qui vend ſa denrée au conſommateur ,
ne paſſe pas néceſſairement par les filieres
d'un commerce excluſif. Le Négociant François achete ſeul nos denrées , & y met le
prix. Il connoît parfaitement par ſes correſ-
pondances le cours de France. En comparant
le prix courant au prix de vente préſumable ,
il fait entrer dans le premier l'impôt ,
le fret , & ſon bénéfice , & ſi l'impôt eſt de
dix pour cent , il paye 90 livres ce qu'il
payeroit cent francs.

Mais le principal impôt que nous payons
à la Nation , quoiqu'indirectement , celui qui
eſt énorme , & qui excede la meſure de tout
ce que l'exceſſive avidité des traitans livrée
à elle-même , voudroit extorquer des Provinces de France , conſiſte dans le commerce
excluſif , dans le régime prohibitif ; & ce
régime , reſtreint à de juſtes bornes , eſt juſte.
Il eſt inhérent à notre eſſence , à notre inſti-
tution politique. C'eſt par lui , & de cette
ſeule maniere , que nous devons nous acquit-
ter de notre dette envers l'Etat , & nous nous
en acquittons bien.

Nous payons nos confommations infiniment plus cher. Nos denrées ne valent pas ce qu'elles vaudroient, fi l'étranger venoit directement les prendre, puifqu'il faut que le commerce de France gagne fur lui, & qu'il n'y a pas chez nous cette concurrence d'acheteurs qui hauffe tous les prix de vente. Le négociant gagne fur nous exclufivement fes commiffions, fon fret, fon magafinage, & toute la férie infinie de droits qu'il a fu introduire. Tout cela calculé, va à près de quarante pour cent de nos denrées, outre l'impôt domeftique.

Tout cela cependant tourne à la charge du Colon & au profit de la métropole, qui trouve encore des bénéfices dans les manufactures que nos denrées occupent, dans la marine marchande qu'elles employent, &c.

Tout cela doit être, fauf les abus. Mais c'eft une raifon péremptoire pour ne pas charger les Colonies d'impôts directs.

Il faut confidérer enfuite à quel point l'établiffement de nos biens eft difpendieux. Un Colon avoit une terre propre à faire une fucrerie de trois cent milliers. Il a fallu un million pour la mettre en valeur. Il a fallu payer l'intérêt de ce million plufieurs années avant le revenu.

Prefque toute cette fomme a été employée en un mobilier périffable, qu'une épidémie peut enlever en un mois.

Un tremblement de terre renverfe des bâtimens indifpenfables, qui ont coûté cent mille écus.

Un ouragan détruit une récolte entiere, & dans les montagnes, l'efpoir de fix récoltes, & le fol même qui les promettoit.

Les inondations, les féchereffes produifent des effets prefque auffi funeftes.

Au premier fignal de la guerre, en général plus de vente, plus de commerce. Cependant, dans tous ces cas, il faut doubler les frais pour nourrir fon attelier & foutenir fa manufacture.

Dans la guerre de 1754, les habitans des montagnes ont été trois ans fans voir de pain. On a vu des Colons offrir une barique de fucre de quinze cent pour une paire de fouliers, & ne pas l'obtenir ; & il faut fe garder, effuyer les marches, les veilles, le feu de l'ennemi s'il fe préfente.

Si la France eft dans un moment de crife, & les Colonies dans un temps de profpérité, qu'elles offrent un don gratuit à la Nation, à la bonne heure. Mais quand ces

principes & ces faits auront été préſentés
par nos Députés à l'Aſſemblée Nationale,
il eſt impoſſible qu'elle étende ſur nous de
nouvelles contributions forcées, par cela
ſeul que la France a beſoin de conſerver ſes
Colonies.

Je viens à ce qui concerne l'eſclavage,
& je ne confonds pas les ſpéculations d'une
philoſophie qui s'abuſe, par un beau prin-
cipe, ſur un objet qu'elle ne connoît que
confuſément, avec les réſolutions que l'Aſſemblée peut prendre. Les uns ne conſidèrent
la queſtion que ſous le point de vue de l'humanité. L'autre la verra du coté de la politique, de la néceſſité, & du droit ſacré de la
propriété. Les motifs de bienfaiſance même
les plus vrais ſeront pour nous.

On voit bien que j'embraſſe, dans un écrit
très-ſuccinct pluſieurs objets, dont chacun
fourniroit un gros volume ; & que je ne peux
préſenter que quelques vérités palpables &
déciſives. Je n'approfondirai pas davantage
cette queſtion, que j'ai traitée amplement
ailleurs.

Je parle aux philantropes.

Vous êtes infiniment eſtimables, au milieu
de vos erreurs, & même des dangers qu'elles
préparent

préparent ou à nous ou à ceux que vous protégez ; & dans tous les cas, à la France. Le nom d'esclave afflige un cœur juste & sensible ; mais vous vous égarez faute de lumières sur les faits, & par une fausse comparaison.

Vous vous mettez tout à coup à la place du Nègre, avec vos principes & vos habitudes, & vous dites *quel seroit mon malheur & mon désespoir si je devenois esclave ?*

Cependant le malheur & le bonheur sont dans l'opinion qu'on a de son état. L'habitude forme cette opinion. Elle résulte aussi du passage d'un état à un autre pire ou meilleur.

Eh bien, le Nègre n'a ni vos habitudes, ni vos idées. Il est né dans l'esclavage ; il le voit sans horreur, parce qu'il y est accoutumé. Arraché même, dans son pays, à une servitude plus barbare, sous un maître sans principes ; placé sous un maître plus humain, plus raisonable, plus intéressé à son bien-être, loin de vivre dans ce désespoir dont vous vous faites l'image, il vit heureux, au moins tranquille & content.

Il aura un désir vague, si vous voulez, de la liberté, parce qu'il voit des libres, mais ce désir ne le tourmente pas.

Sans doute le gouvernement d'un seul

C

feroit le plus parfait de tous, fi le Monarque, même le defpote, pouvoit voir les befoins de tous fes Sujets, s'il ne pouvoit pas ignorer que fon intérêt eft indivifible du leur, que tous les maux qui leur arrivent retomberont infailliblement fur lui; enfin s'il ne pouvoit pas être trompé par des intermédiaires qui euffent un intérêt différent du fien & de celui de fon peuple.

Eh bien, voilà le gouvernement de nos habitations. Si un Nègre eft malade, c'eft une perte pour le maître; c'en eft une plus grande fi le chagrin, la fatigue, la misère, la nature même le mènent au tombeau.

On a comparé le fort du Nègre à celui du pauvre journalier en France; & à cela près de cette idée de liberté que la misère, le plus affreux des efclavages, étouffe ou amortit, on a prouvé que dans les maladies, dans la vieilleffe, même dans la privation des travaux, celui-ci étoit plus véritablement malheureux. Croit-on que fi un Seigneur étoit condamné à une amende de 2000 liv. toutes les fois qu'un de fes payfans meurt, à cent écus quand il eft malade, le peuple des campagnes ne feroit pas mieux foigné, plus heureux ?

Eh bien, nous payons inévitablement toutes ces amendes, & nos Nègres font traités en conféquence. Faites nous l'injuftice de croire que que l'humanité n'y eft pour rien, j'y confens; mais croyez à l'intérêt. Ce grand mobile, ce maître du monde veille pour eux.

Vous vous enthoufiafmez donc fur une fauffe application de principes vrais & refpectables de morale.

Je commence à m'adreffer à l'Affemblée Nationale, comme aux philantropes.

La France ne peut plus fe paffer de Colonies, c'eft elles qui lui procurent une fupériorité énorme de profpérité & d'opulence, & par conféquent de force fur les autres Nations. La balance active de notre commerce eft de foixante-dix millions ; les Colonies en verfent plus de deux cens annuellement ; fans elles, par conféquent, nous devrions déjà à l'Europe cent trente millions de plus par an. Calculez enfuite qu'il faudroit payer à l'étranger la confommation du Royaume en fucre, caffé, coton & indigo, peut-être objet de foixante millions ; que les manufactures, les ports de mer tomberoient en grande partie ; que la marine marchande, réduite à un très-petit cabotage, ne feroit plus l'école & la pépinière de la marine militaire; que le fisc perdroit beaucoup; enfin que cinq millions d'hommes dont l'industrie s'exerce sur les denrées Coloniales, iroient les trouver ailleurs.

Jugez où vous en seriez (même dans la plus grande prospérité, & vous n'y êtes pas) si vous perdiez tous ces avantages.

Eh bien, ils tiennent tous à l'esclavage des Nègres, sur lequel les Colonies sont invariablement fondées.

En effet, rien n'est plus pitoyable que les systêmes que l'ignorance des lieux & des faits imagine tous les jours pour nous donner des journaliers libres à la place des esclaves.

La complication de nos biens, qui sont à la fois cultures & manufactures, le climat, l'inconstance des saisons, les plantations, les façons, le grand nombre de bras indispensables que le travail énorme de la charrue ne peut pas remplacer, les récoltes, tout cela exige une ponctualité si marquée, si habituelle, qu'il faut des hommes qui viennent à point nommé se ranger aux diverses opérations auxquelles ils sont stylés, sans quoi tout est perdu. Il faut donc des Esclaves, rien ne peut les remplacer.

Faites encore ce calcul facile & clair.

Les Nègres valent aujourd'hui jufqu'à 2800 liv. de Colonie; mais dans les atteliers, un grand nombre a été acheté avant cette exceffive augmentation. Les Créoles n'ont coûté que des foins; ainfi on peut évaluer le prix d'achat à 1800 liv. en moyenne pro-portion.

L'intérêt de 1800 liv. eft de 90 liv. (60 liv. de France) & le produit du travail d'un Negre repréfente cette dernière fomme.

La journée du plus fimple manœuvre eft à S. Domingue , de 3 livres. Qu'on la ré-duife à 50 fols , le travail annuel d'un homme libre coûtera environ 450 livres par an.

Ainfi, la quantité de denrées coloniales que nous vendons 90 livres, devroit être vendue 450 livres; affurément nos denrées refteroient invendues dans les marchés de l'Europe ; nos manufactures tomberoient, delà notre com-merce , & delà la force nationale.

L'affranchiffement eft donc une belle chi-mère , parce que l'efclavage des Negres eft un mal néceffaire.

Mais que peuvent produire les difcuffions que l'enthoufiafme fe permet? Je ne veux pas croire que la frénéfie ait été jufqu'à envoyer des apôtres & des martyrs prêcher la liberté aux Negres & leur porter des armes; vaines terreurs ou fauſſe récrimination contre les amis des noirs !

Mais les écrits incendiaires paſſent les mers, le feu peut ſe communiquer, un ſoulèvement peut perdre les Colonies, faire égorger tous les blancs, ruiner la France elle-même.

Ou bien pour prévenir ces maux, il faut appeſantir la ſervitude que nous cherchons à adoucir : quelle affreuſe alternative !

On parle de ſupprimer la traite ; deux mots ſuffiſent là-deſſus, après ce que je viens d'établir.

D'un côté, on niera les faits tant qu'on voudra ; mais il eſt très-vrai que ce commerce, ſi atroce en apparence, n'eſt que l'action de ſouſtraire des hommes à une ſervitude plus barbare, pour les ſoumettre à un joug plus ſupportable.

D'un autre côté, la population ne ſuffi-ſant pas à recruter nos atteliers, la ſuppreſſion de la traite ne feroit qu'anéantir plus tard les cultures & le commerce des Colonies; & elle eſt néceſſaire au ſoulagement de nos Negres, puiſque les travaux pèſent en raiſon

inverfe du nombre d'individus qui les partagent.

L'affranchiffement, & même la fuppref-
fion de la traite, font foumis à d'autres ob-
jections qui s'adreffent plus directement à
l'Affemblée Nationale.

Nos Negres font notre propriété ; nous
l'avons acquife de nos deniers, fous la foi
des loix exiftantes ; & elle eft d'autant plus
importante, que, fans elle, les autres de-
viennent nulles.

L'Affemblée Nationale doit refpecter cette
propriété.

La Nation ne s'eft pas emparée des biens
du Clergé ; ce feroit un brigandage : elle a
déclaré juftement que ces biens lui apparte-
noient. Elle ne peut pas en dire autant de
nos Negres, elle ne peut pas en dire autant
de nos terres, qui nous feroient comme
enlevées du même coup.

Si la Nation répugne à ce qu'il y ait des
efclaves fous fa domination, il faut qu'elle
faffe procéder à une eftimation de toutes les
propriétés des Colonies, qu'elle nous les paie,
& alors elle trouvera le feul moyen de ne
pas donner aux Negres une liberté onéreufe,
en leur diftribuant nos poffeffions.

Cet acte de générosité (qui même ne seroit pas strictement juste) coûteroit à la Nation, pour S. Domingue seul, au moins trois milliards tournois, & la perte des avantages que les Colonies lui procurent.

Ou bien la Nation a le droit (& le seul droit) de renoncer aux Colonies, de les abandonner à elles-mêmes. Alors nous pourvoirons à notre sort. Nous ne serons pas embarrassés ; & *sans doute c'est ce qu'attendent ceux qui remuent le peuple Anglois, & dont la haine cherche à pousser la légèreté & la générosité françoises à une démarche irréparable.*

Quoi qu'il en soit, la Nation n'a que ces deux moyens : elle ne peut pas prendre nos biens pour en faire un acte de bienfaisance.

Je vais plus loin.

Nous n'avons pas été conquis ; nous nous sommes donnés à la France librement & volontairement ; nous avons fait un contrat avec le Roi, alors suprême représentant de la Nation ; nous lui avons dit : « Nous vous » donnons une nouvelle province, la plus » fertile de l'univers. Aidez-nous, procu- » rez-nous une espèce d'hommes plus ro-

» bufle & affujettie à toute la foumiffion
» que nos travaux vont exiger ; & nous vous
» réferverons toutes les richeffes qu'elle feule
» peut arracher de notre fol ».

Le Prince nous a acceptés, nous a promis fa protection, nous a permis d'acquérir
des efclaves que la Nation elle-même nous
a livrés à prix d'argent.

Nous avons exécuté le contrat au-delà
de nos promeffes ; nous avons verfé dans le
royaume des fommes incalculables. Si nous
n'avons pas pu empêcher fa ruine, nous
l'avons au moins prodigieufement retardée.

Au contraire, la protection que le Prince
nous a accordée ne lui a jamais rien coûté ;
elle a même été abufive, puifque fes agens
nous ont quelquefois opprimés.

Si, lorfque nous efpérons mieux de la
fidélité de la Nation qui reprend l'exercice
de fes droits, elle violoit le contrat au point
de nous dépouiller d'une propriété légale
qui emporte la perte de toutes les autres,
de nous précipiter d'une aifance trop péni-
blement, trop juftement acquife, dans les
horreurs de la plus profonde indigence, mille
fois pire que l'efclavage.

C'eft alors feulement (& il m'en coûte de

le dire, mais il n'eſt plus tems de rien diſ-
ſimuler), c'eſt alors que pouſſés au déſeſ-
poir, traités, non plus en frères, mais en
ennemis, révoltés par l'injuſtice, l'ingrati-
tude & la barbarie, nous devons regarder
notre contrat comme rompu, ceſſer d'être
François, & nous défendre juſqu'à la dernière goutte de notre ſang contre nos per-
ſécuteurs.

Mais, à Dieu ne plaiſe, cela eſt impoſſible ; & cette penſée ſoulage mon cœur du
pénible effort auquel je viens de me livrer
pour la patrie & pour la vérité.

Non, mes chers Concitoyens, n'exagérez
pas vos juſtes terreurs. Les philantropes,
dans leur zèle aveugle, préparent ſans doute
des maux à vous ou à vos ſerviteurs ; mais
la Nation ne vous fera éprouver ni déſaſtres,
ni injuſtices. Vous trouverez ſageſſe, amour,
protection, ſûreté dans le Sénat auguſte qui
la repréſente.

Elle veut que vous partagiez ſon bonheur
& ſes droits ; elle ne vous fera pas une conſtitution dont elle n'a pas les baſes ; elle ignore
ce qu'il vous faut, & preſque ce que vous
êtes ; elle ſouffrira que vous vous expliquiez
vous-mêmes ; elle conſacrera vos vœux li-

bres & réfléchis ; elle vous défendra des infinuations fufpectes du Miniftère.

Mais vous, mes Concitoyens, vous pro-
fiterez de l'exemple de la France pour évi-
ter une révolution fubite & totale, bien plus
dangereufe ; vous vous conduirez avec cir-
confpection dans vos fages & lentes réformes ;
vous refpecterez vos liaifons avec la mère-
patrie ; vous balancerez également votre intérêt & celui de fon commerce ; vous jetterez
des regards de bienfaifance & d'équité fur
des claffes que les loix & la néceffité vous
ont fubordonnées ; vous fentirez, comme je
le fens moi-même, que vous ne pouvez être
heureux qu'autant que tout ce qui vous en-
toure partagera votre bonheur.

J'ignore comment cet écrit, fait avec
plus de loyauté que de foin, fera jugé ; mais
je fuis placé dans une pofition où j'ai cru
que je devois compte à mon pays de mes
opinions individuelles.

LABORIE,

Habitant & Secrétaire de la Chambre
d'Agriculture du Cap-François.

De l'Imprimerie de CHARDON, rue de la Harpe.